ANDRÉ KERTÉSZ

D1522013

André Kertész

Introduction
par Danièle Sallenave

Cet ouvrage est publié par
le Centre National de la Photographie avec
le concours du ministère de la Culture

Légende de la couverture :
Dubo, Dubon, Dubonnet, Paris, 1934.

Pour l'édition © 1985 : Centre National de la Photographie, Paris.
Pour les photographies d'André Kertész : © Ministère de la Culture
(Association française pour la diffusion du patrimoine photographique, Paris).
Tous droits réservés pour tous pays.
ISBN 2-86754-020-8

Imprimé en France/Printed in France

VOIR, C'EST LIRE

Une idée à la mode veut que l'artiste doive nécessairement être en lutte contre son langage, le forcer, le contraindre,
en tordre la syntaxe pour le plier à sa volonté d'expression. Il
se pourrait bien pourtant qu'une tout autre définition de l'art
soit possible, et plus juste. Et que le grand artiste soit au con-
traire celui qui a su, par un lent travail ou dans une intuition
immédiate, découvrir la nature profonde du langage qu'il
s'est choisi; ses lois, et en exploiter *dans le droit fil* les capa-
cités d'expression les plus évidentes ou les plus cachées.

Ces deux types d'artiste seront toujours en confrontation.
Le premier vit une rébellion constante de son moi contre le
langage, le second fait l'apprentissage d'une concordance
croissante entre la langue et le monde. Car l'analyse des formes essentielles de son art, s'il la conduit à ses conséquences
ultimes, lui fait nécessairement découvrir les liens de *convenance* secrète qui l'unissent à certains objets du monde : plus
encore, et en allant plus loin, que les lois de son art sont peut-
être celles même du monde ; et que l'art en est le révélateur.

Telle est sans doute l'intuition fondatrice qui inspire le
propos et, d'emblée, anime l'œuvre d'André Kertész. Dès ses
débuts, l'artiste semble avoir découvert et posé que la photographie en noir et blanc était *de par sa nature* conduite à
devenir bien plus qu'un simple mode de figuration et que la
façon dont la photographie en noir et blanc représente les
choses en fait un mode d'*intellection* du monde. Non seulement parce que la photographie (héritière en cela de la peinture) découpe le monde, le cadre, l'immobilise et réduit à
deux ses trois dimensions naturelles, mais aussi parce que le
noir et blanc substitue aux couleurs des choses une gamme
abstraite de transpositions qui va du noir absolu au blanc

éclatant. La photographie en noir et blanc se prête donc d'emblée à ce "relevé" du monde que lui assignait déjà Arago, en ne se contentant pas de l'enregistrer ou d'en fixer le reflet, mais en le ramenant par une opération conceptuelle à ses aspects essentiels, de formes, de traits, de contraste, d'ombre et de modelé. Arraché à l'arbitraire du mouvement (qui selon Baudelaire "déplace les lignes") et au chatoiement changeant de la couleur, le monde saisi par la photographie en noir et blanc subit comme un passage à l'abstrait, qui le rend plus et mieux intelligible. Personnages, objets, scènes y trouvent un début d'organisation : la transposition d'un fragment du monde et son simulacre noir et blanc le radiographie, y dévoile l'embryon du sens, le sens en train de se former.

La photographie en noir et blanc est donc l'instrument par excellence d'une analyse concrète, d'une intelligibilité active du monde, dès lors que l'artiste dispose d'appareils plus légers, moins encombrants, pourvus d'objectifs précis et rapides. Or la jeunesse et les débuts d'André Kertész coïncident justement avec le moment où la photographie en noir et blanc est mise en pleine possession de sa mobilité. Elle peut désormais aller au monde pour l'observer et en dégager les lois. Dès ses premières photographies, André Kertész traduit la mise en place de ce nouveau réalisme qui le conduira vers les choses, inépuisablement, dans un mouvement de saisie active et de compréhension. Petites fermes des plaines hongroises, pauvreté des cours boueuses, troupeaux d'oies sur un chemin, musiciens aveugles aux carrefours, femmes en fichu sous l'ombre des arbres, chevaux emballés, trottoirs où luit un reste de pluie : ces traces humbles, comme déposées d'elles-mêmes par le temps sur ses rives semblent révéler, notre nostalgie aidant, leur essence secrète et menacée. La rigueur des cadrages et l'infinie mélancolie des gris leur confèrent ce "poli de la surface" que Flaubert demandait à l'usage de l'imparfait dans sa phrase. Et, comme il était lui-même invisible et partout présent, le photographe se manifeste par son art d'avoir été là et de s'être effacé devant les choses.

Ce "nouveau réalisme" (qui après la première guerre portera le nom de "Nouvelle Objectivité") est comme un retour à l'âge d'or de la photographie, comme un renouvellement des vœux de son baptême. Le monde peut être fixé "tel qu'il est," dans la science des contours, dans la précision de la ligne, dans le contraste vif et les ombres tranchées. Le photographe est alors celui qui va vers le monde non pour y épandre le trouble de sa subjectivité, mais pour répondre à la demande d'expression qu'il a su y lire. Car le monde demande à être fixé sur la plaque pour y gagner sa survie, son existence peut-être, mais surtout son intelligibilité. Même s'il faut parfois y contribuer, en demandant par exemple à la silhouette d'un homme de venir faire sur un mur éclairé l'ombre du promeneur solitaire qui accomplira le sens de cette ruelle nocturne. Le temps est venu d'un retour aux choses mêmes : c'en est fini du brouillard étudié, de la gomme bichromatée et de la revendication d'être l'égal de la peinture. Finies les querelles de technique : il faut être là, et être œil. Avoir le Leica noué au poing et saisir le moment. La photographie en noir et blanc est dehors, *sur le motif*, et pour longtemps. Le "motif" c'est la vie des grandes villes, les banlieues tristes, les cheminées, les vieux toits de Touraine, les bistrots, les affiches.

Cependant, ce que André Kertész découvre alors rapidement et qu'il exploite admirablement, c'est que le noir et blanc entretient un lien de convenance, de connivence profonde, avec tout ce qui dans le monde naturel et dans le monde artificiel, au propre comme au figuré, peut *s'écrire* : affiches, réclames, mais aussi roues, barrières, piquets dans la neige, traces sur le macadam, ombres au soleil couchant, dentelles découpées sur les murs blancs par le feuillage des arbres. La photographie en noir et blanc devient le révélateur de la vérité graphique du monde. C'est alors que s'accomplit le mouvement d'abstraction concrète, de réalisme et de vérité dont la photographie en noir et blanc était porteuse : celle-ci dit que le visible est du lisible, que le monde est fait de signes à déchiffrer, non pas des mots toujours, mais des idéogrammes, des pictogrammes, des photo-graphies. Voir, c'est lire : si la photographie en noir et blanc n'a plus aujourd'hui le même sens, ce n'est pas seulement du fait de l'apparition et du développement de la couleur. C'est qu'aujourd'hui les rapports du visible et du lisible se sont noués tout à fait autrement, c'est que nous ne sommes plus aussi sûrs que le sens est ce qui peut se lire, que la lecture est le grand jeu par où se déchiffre le monde.

Voir, c'est lire : l'image symbole en serait donc peut-être celle du petit Ernest, debout en sarrau d'écolier devant le tableau noir ; la main posée près de l'ardoise couverte de signes de craie ; ou cette femme découpant son profil sur un mur et les profils peints des affiches : ou encore, plus près de nous, et plus abstraitement encore, ce flot de parapluies noirs que semble orienter une flèche blanche peinte sur la chaussée, vus de la fenêtre d'une chambre. Justement, *vus d'une fenêtre* : car si André Kertész partage avec d'autres photographes (dont par son âge il est le maître) des traits de style, il en est un pourtant qui lui appartient en propre et revient assez souvent chez lui pour devenir ce que Leo Spitzer appelait l'"etymon spirituel" d'un artiste. Ce trait, c'est la plongée. Le nombre d'exemples dans son œuvre en est impressionnant ; c'est elle qui donne aux photographies de Kertész leur couleur particulière, leur clarté allègre, quelque chose comme la marque de l'alacrité qui l'anime. La vision en plongée abaisse le point de fuite ; redresse les fonds, les place en haut de l'image : elle est tout l'inverse de l'illusion perspective naturelle qui étageait les plans et les échelonnait jusqu'à un fond fictif (que la peinture enveloppait depuis Léonard d'une brume bleutée). La perspective "de la fenêtre" ou d'un peu plus haut - le pont des Arts vu de l'horloge de l'Institut, l'esplanade de la Tour Eiffel vue du premier étage - est comme le regard que l'on a, au théâtre, du balcon : celui qui saisit le mieux les mouvements, les intentions, les emplacements, la *mise en scène*. Tout devient visible, rien n'est oublié : le monde devient une grande page couverte des signes de l'écriture sociale. Ombres longues d'un beau jour sous le soleil tardif, traces de pas dans la neige, costumes clairs alternant avec les robes et les chapeaux sombres, architectures de métal qui se découpent avec une netteté parfaite : le noir et blanc établit son règne sur un monde vu d'en haut, il en achève l'homogénéisation graphique et la saisie intellectuelle. Le monde est une page, mais une page animée : la vision d'en haut est une vision urbaine, où le ciel tient nécessairement peu de place et beaucoup, le sol, le pavé. Des hommes y passent, silhouettes dressées, qui sont souvent les seules verticales de l'image et leurs ombres font des obliques franches. Mieux encore que dans la rue ou dans les bistrots, la comédie sociale s'y donne à lire. Le regard en plongée découvre la mécanique du monde et, comme Descartes voyait de sa fenêtre des chapeaux qui marchent, le photographe prend un recul philosophique, sceptique. Ces fragments de la cité, lisibles par le froid soleil d'hiver ou sous un éclairage nocturne lui apparaissent aussi nécessaires et absurdes que le cheminement des fourmis processionnaires.

Contre l'artiste médiéval qui tentait d'adopter le "regard de Dieu" en multipliant les systèmes de perspective contradictoires et en ne respectant pas l'échelle relative des choses, l'artiste renaissant met le monde "à hauteur d'homme" en proposant de le construire selon les règles de la perspective géométrique avec ligne d'horizon et point de fuite unique. Mais la vision plongeante lui devient souvent nécessaire, s'il veut éviter la confusion des plans et construire leur étagement de manière lisible. Cette démarche, l'artiste photographe la complète avec bonheur, lorsqu'il associe à la vision en plongée la réduction des images du monde à leur valeur graphique. Elle contribue à faire du photographe un témoin plus qu'un acteur, elle le soustrait au grand mouvement du monde et le rend mieux apte à le décrypter. En se tenant à sa fenêtre, il est présent au monde sans se mêler à lui ; il ne foule pas le même sol que ceux qu'il va tout à l'heure rejoindre. Il s'écarte d'eux pour les regarder et les comprendre. Il lit le monde plus qu'il ne le voit ; la distance qu'il établit entre les choses et lui est la condition de leur intelligibilité. Sans doute cette position, qui se double d'une posture philosophique, convient-elle particulièrement à l'humeur et au tempérament d'André Kertész, qui a choisi désormais de résider dans un studio d'où s'offre une large vue sur la ville de New York. Mais lorsqu'il se penchait sur les êtres avec une attention exacte, pour saisir un reflet jumeau dans les yeux d'un enfant et ceux d'un jeune chien ou, sur la table de Mondrian ou de Chagall, les objets qui s'y disposent comme dans une de leurs peintures, c'était déjà le même mouvement, celui d'une absence agissante, celui d'une présence détachée. On dirait, à regarder son œuvre, que le photographe s'était très tôt persuadé que les choses ne s'offrent qu'à celui qui sait garder ses distances. Car alors tout devient clair, aisé, déchiffrable. Et le monde consent enfin d'avouer qu'il n'est, en réalité, *qu'un grand livre.*

Danièle Sallenave.

1. Budapest, 1915.

2. Budapest, 1914.

3. Accordéoniste, Esztergom, Hongrie, 1916.

4. Violoniste ambulant, Abony, Hongrie, 1921.

5. Combat de coqs, Hongrie, 1920.

6. Budafok, Hongrie, 1919.

7. Tisza-Szalka, Hongrie, 1924.

8. Duna Haraszti, Hongrie, 1920.

9. Savoie, 1929.

10. Savoie, 1929.

11. Le cirque, Budapest, 1920.

12. Paris, 1925.

13. Le café du Dôme, Paris, 1925.

14. Paris, 1925.

15. Cheval à terre, Paris, 1927.

16. Fête foraine, Paris, 1927.

17. Le marché aux animaux, Saint-Michel, Paris, 1927.

18. La fourchette, Paris, 1928.

19. Chez Ilka et Eva Révai, Paris, 1927

20. Chez Mondrian, Paris, 1926.

21. Danseuse burlesque, Paris, 1926

22. Distorsion n° 6, 1933.

23. Distorsion n° 40, 1933.

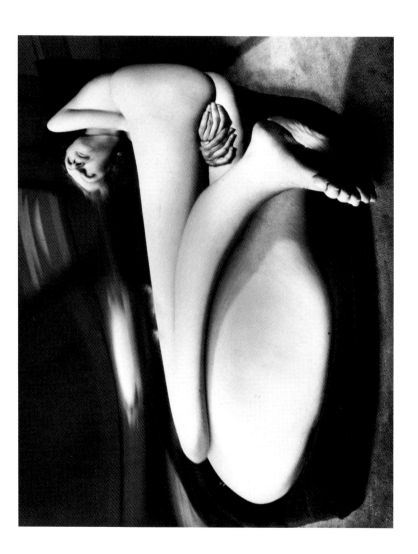

24. Chagall en famille, Paris, 1933.

25. Eisenstein, Paris, 1929.

26. Colette, Paris, 1930.

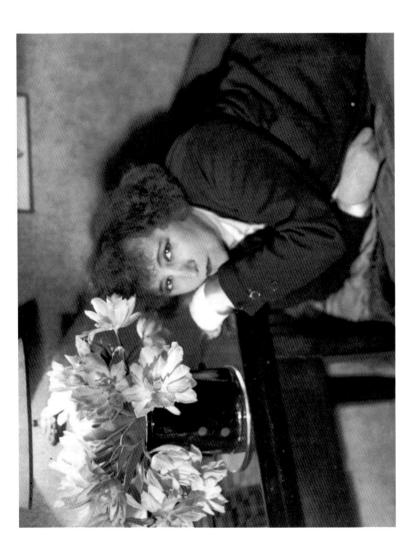

27. Tulipe mélancolique, New York, 1939.

28. Le sofa, Williamsburg, Virginie, 1951

29. Musée d'histoire naturelle, New York, 1969.

30. Elisabeth et moi, Paris, 1931

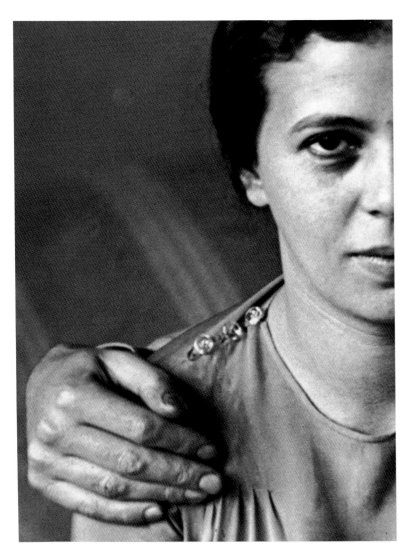

31. Bobino, Paris, 1932.

32. Charles Maurras à "l'Action Française," Paris, 1928.

33. Meudon, 1928.

34. A la terrasse d'un café, Paris, 1928

35. Bonifacio, Corse, 1932.

36. Dubo, Dubon, Dubonnet, Paris, 1934.

37. Carrefour, Blois, 1930.

38. Fête foraine, Paris, 1930.

39. Itsvan Rajk dans un bistro à Montmartre, 1931

40. L'ombre de la tour Eiffel, Paris, 1929

41. Versailles, 1929.

42. Le jardin du Luxembourg, Paris, 1928.

43. Le retour du bateau, New York, 1944.

44. Fête foraine, 1945.

45. Paris, 1928.

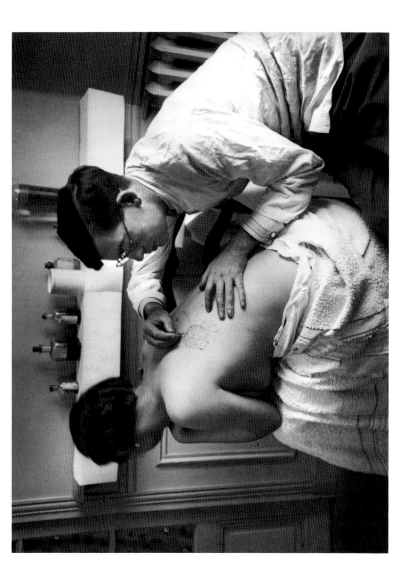

46. New York, 1947.

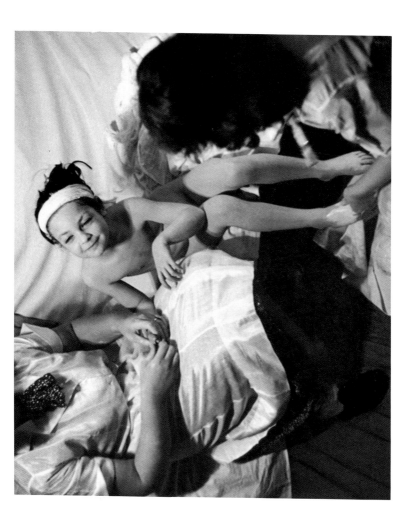

47. Etats-Unis, 1953.

48. L'horloge de la passerelle, New York, 1947

49. New York, 1971.

50. New York, 1973.

51. "Buy," Université de Long Island, Etats-Unis, 1962.

52. Jour pluvieux, Tokyo, 1968

53. New York, 1960.

54. Jardin d'hiver, New York, 1970.

55. New York, 1970.

56. La disparition, New York, 1955.

57. Nageur sous l'eau, Esztergom, Hongrie, 1917.

58. Martinique, 1er janvier 1972.

58. Martinique, 1er janvier 1972.

Au déclic de l'appareil de
Kertész, je sens son cœur battre ;
une étincelle d'Euclide surgit
de son clin d'œil, et tout cela, enfin,
dans une admirable longévité
de curiosité.

Henri Cartier-Bresson, janvier 1985

BIOGRAPHIE

Notices mises à jour par Noël Bourcier

1894. Andor Kertész naît le 2 juillet à Budapest en Hongrie. Son père, homme d'affaires, meurt en 1908.

1912. Diplômé de l'Académie de commerce, il occupe un emploi à la Bourse de Budapest.
Il achète son premier appareil (un appareil ICA avec plaques, format 4,5 x 6 cm) et commence à photographier ses proches, des scènes de rues et la campagne hongroise.

1914-1915. Recruté par l'armée austro-hongroise dans les Balkans et l'Europe centrale, il est blessé en 1915.
Il photographie en amateur ses camarades de guerre. De nombreux négatifs de cette période ont été perdus pendant la révolution de 1918.

1916. Reçoit un prix à l'occasion d'un concours d'amateurs pour un autoportrait, décerné par le magazine satirique *Bersszem-Jankó*.

1917. Une douzaine de ses photographies sont reproduites en cartes postales. Il publie des photographies dans le magazine *Érdekes Újság*.

1918-1925. Reprend son emploi à la Bourse du commerce.

1925. André Kertész arrive à Paris dans l'espoir de devenir photographe professionnel.
Il s'installe à Montparnasse où il rejoint le comité d'artistes hongrois.
Il fréquente le café du Dôme, lieu de rendez-vous de l'avant-garde et commence à photographier les ateliers d'artistes, les scènes de rues, les cafés, les jardins de Paris.
Il réalise de nombreux portraits dont ceux de Mondrian, Léger, Chagall, Brancusi et Colette.

1925-1928. Travaille en indépendant pour les magazines : *Frankfurter Illustrierte, Uhu Magazine, Berliner Illustrierte, Strasburger Illustrierte, Times* (Londres), *La Nazionale* (Florence).

1926. Rencontre Brassaï et Henri Cartier-Bresson.

1927. Première exposition personnelle à la galerie d'avant-garde dirigée par Jan Slivinsky, "Au Sacre du Printemps", située 5 rue du Cherche-Midi. Plusieurs photographies sont publiées dans la revue surréaliste *Bifur*.

1928. Achète son premier Leica. Il est sélectionné pour participer au premier Salon indépendant de la photographie.

1928-1935. Le magazine *Vu*, dirigé par Lucien Vogel, commence à paraître et Kertész lui apporte une large contribution.

1929. Il participe à l'exposition "Film und Foto" (Stuttgart), organisée par le Werkbund allemand, et à "Photographie contemporaine" (Essen), qui regroupent de nombreux photographes d'avant-garde. Ses photographies sont achetées par les collections de la Staatliche Museum Kunstbibliothek de Berlin et le König-Albert Museum à Zwickau.

1930. Collabore aux côtés de Brassaï, Kollar, Sougez, Krull, Man Ray à la revue *Art et Médecine* jusqu'en 1936.

1932. Il expose trente-cinq épreuves à l'exposition "Modern European Photography", à la galerie Julien Levy de New York.

1933. Il réalise la célèbre série des Distorsions, publiées par le magazine *Le Sourire*, avec un miroir déformant, une chambre Linhof (au format de 9 x 12 cm) et un système d'objectifs à combinaison. Épouse Elisabeth Saly.

1936. En octobre, Kertész et sa femme arrivent à New York sur l'invitation d'Ernie Prince, directeur de l'agence Keystone, avec laquelle il obtient un contrat qu'il résilie l'année suivante. La Seconde Guerre mondiale l'empêche de retourner en Europe.

1937-1949. Réalise en indépendant des photographies de mode et d'intérieurs pour *Harper's Bazaar, Vogue, Town and Country, The American Magazine, Collier's, Coronet, Look.*

1944. Il obtient la nationalité américaine.

1946. Exposition personnelle à l'Art Institute of Chicago.

1949-1962. Signe un contrat d'exclusivité avec les éditions Condé Nast, New York.

1950. Commence à photographier en couleur.

1963. Retrouve ses négatifs des périodes hongroises et françaises laissés en France. Il remporte une médaille d'or à la IVe Biennale internationale de la photographie à Venise, Italie. Exposition personnelle à la Bibliothèque nationale de Paris. Il se consacre à une photographie personnelle créative.

1964. Exposition personnelle au Museum of Modern Art de New York organisée par John Szarkowski.

1965-1976. Il participe à de nombreuses expositions à New York, Tokyo, Stockholm, Budapest, Londres, Helsinsky et est honoré par l'American Society of Magazine Photographers (1965), la Ville de New York (1976), le gouvernement français (Arts et lettres, 1976).

1975. Il est l'invité d'honneur des Rencontres Internationales de la Photographie d'Arles.

1976. Il est nommé commandeur des Arts et Belles-Lettres par le gouvernement français.

1977. Mort d'Elisabeth au mois d'octobre.

1977. Une grande exposition rétrospective est organisée par le Centre Georges-Pompidou, sous la direction de Pierre de Fenoÿl.

1979-1981. Dans son appartement new-yorkais, il réalise avec un polaroïd, une série de natures mortes qui sera publiée sous le titre "From my window".

1982. Lauréat du Grand Prix national de la Photographie à Paris.

1983. Reçoit la Légion d'honneur.

1984. Il fait don à l'État français de la totalité de ses négatifs ainsi que de sa documentation personnelle. Invité d'honneur du Festival du Printemps de Budapest.

1985. Il meurt le 28 septembre à New York.

BIBLIOGRAPHIE

établie par Stuart Alexander

Publications

Enfants, texte de Jaboune (pseudonyme de Jean Nohain), Paris, Éditions d'histoire et d'art, Librairie Plon, 1933. 60 photographies.

Paris, vu par André Kertész, texte de Pierre Mac Orlan, Paris, Éditions d'histoire et d'art, Librairie Plon, 1934. 46 p., 48 photographies.

Nos amies les bêtes, texte de Jaboune, Paris, Éditions d'histoire et d'art, Librairie Plon, 1936. 60 photographies.

Les Cathédrales du vin, texte de Pierre Hamp, Paris, Établissements Sainrapt et Brice, 1937. 28 p., 28 photographies.

Day of Paris, conçu par Alexey Brodovitch, éd. par George Davis, New York, J.J. Augustin Publishers, 1945. 148 p., 102 photographies.

André Kertész, introduction d'Anna Fárová, adapté pour l'édition américaine par Robert Sagalyn, New York, Paragraphic Books, A Division of Grossman Publishers, 1966. 100 p., 73 photographies.

"André Kertész", P. 66-91 et 184-190, dans **The Concerned Photographer,** éd. par Cornell Capa, New York, Grossman Publishers, 1968. 206 p., 32 photographies. Biographie, bibliographie et commentaire de Kertész.

On Reading, New York, Grossman Publishers, et **Lectures,** Paris, Éditions du Chêne, 1971. 64 p., 66 photographies ; seconde édition, 1975.

André Kertész : Sixty Years of Photography, 1912-1972, éd. par Nicolas Ducrot, New York, Grossman Publishers, et **André Kertész : soixante ans de photographies, 1912-1972,** Paris, Éditions du Chêne, 1972. 224 p., 235 photographies ; seconde édition, 1978. Avec le texte "Frère voyant" de Paul Dermée. Chronologie, bibliographie.

J'aime Paris : Photographs since the Twenties, éd. par Nicolas Ducrot, New York, Grossman Publishers, 1974. 224 p., 218 photographies. Photographies de 1925-1935 et 1963.

André Kertész : Washington Square, éd. par Nicolas Ducrot, texte de Brendan Gill, New York, Grossman Publishers, 1975. 96 p., 103 photographies.

Of New York..., éd. par Nicolas Ducrot, New York, Alfred A. Knopf et **Dans New York,** Paris, Éditions du Chêne, 1976, 192 p., 189 photographies.

Distortions, éd. par Nicolas Ducrot, introduction de Hilton Kramer, New York, Alfred A. Knopf, et **Distorsions,** Paris, Éditions du Chêne, 1976. 200 p., 126 photographies.

André Kertész, introduction par Carole Kismaric, coll. "History of Photography", n° 6, Millerton, New York, Aperture et Paris, Nouvel Observateur/Delpire, 1977. 94 p., 43 photographies. Chronologie, bibliographie.

Americana, Birds, Landscapes, Portraits, éd. par Nicolas Ducrot, New York, Visual Books, 1979. 4 fois 64 p., 61 à 65 photographies par volume.

"André Kertész : In everything
I Photograph There is the Human Touch",
p. 115-129, dans Nude : Theory,
éd. par Jain Kelly, New York, Lustrum
Press, 1979. 175 p., 1 portrait,
9 photographies.
Commentaire de Kertész.

André Kertész, texte d'Agathe Gaillard,
Paris, Pierre Belfond, 1980.
16 photographies.

Voyons voir : 8 photographes,
interviews réalisées par Pierre Borhan,
Paris, Créatis, 1980. 6 photographies.

From My Window, introduction de
Peter Mac Gill, Boston, New York
Graphic Society, 1981, et A ma fenêtre,
Paris, Éditions Georges Herscher, 1982.
72 p., 53 photographies Polaroïd SX 70.

André Kertész : A Lifetime of
Perception, éd. par Jane Corkin,
introduction de Ben Lifson, New York,
A Key Porter Book, Harry N. Abrams,
1982. 259 p., 150 photographies.
Chronologie. Les instants de ma vie,
Booking International, 1993.

Hungarian Memories, introduction
de Hilton Kramer, Boston, A New York
Graphic Society Book, Little,
Brown and Co., Boston 1982. 194 p.,
144 photographies.

André Kertész, texte d'Attilio Colombo,
Milan, Fabbri, coll. "I Grandi Fotografi",
1983.

André Kertész : The Manchester
Collection, textes d'Henri Cartier-
Bresson, Harold Riley, Mark Haworth-
Booth, Lady Marina Vaisey, Weston
J. Naef, Colin Ford, Charles Harbutt,
The Manchester Collection, Manchester,
1984. 186 p., 302 photographies.

André Kertész, Magyarországon,
publié sous la direction de János Bodnár,
Budapest, Föfotó, 1984. 104 p.,
50 photographies plus des portraits
de Kertész, traduction française.

Kertész on Kertész : A Self Portrait,
introduction de Peter Adam, texte de
Kertész, New York, Abbeville Press, 1985.
120 p., 94 photographies.

André Kertész Shashinshu, éd. par
Susan Harder et Hiroji Kubota, texte
de Hal Hinson, Tokyo, Iwanami Shoten,
1986. Éd. américaine : André Kertész,
Diary of Light 1912-1985, New York,
Aperture, 1987, André Kertész,
soixante-dix années de photographies.
Paris, Hologramme, 1987. 206 p.,
152 photographies.

André Kertész, ma France, textes de
Pierre Bonhomme, Sandra Phillips,
Jean-Claude Lemagny, Michel Frizot.
Co-édition ministère de la Culture /
La Manufacture, 1990. 278 p.,
243 photographies, chronologie,
bibliographie. Edition allemande
André Kertész in Paris, fotografien
1925-1936, Schirmer / Mosel, Munich,
1992.

André Kertész, 1894-1985, Carole
Kismaric, essai de Lloyd Fonvielle.
Aperture Foundation, New York, 1993.
94 p., bibliographie.

André Kertész, 1894-1985-1994, textes
de Kincses Karoly, Miklos Matyassy,
Pierre Borhan. Entrevue avec
André Kertész par Bela Raffay et
Lajos Magasitz. Magyar Fotografiai
Muzeum - Pelikan Kiado éd., Budapest,
1994. Editions hongroise et française.
190 p., 123 photographies, chronologie,
bibliographie de textes hongrois.

André Kertész, la biographie d'une
œuvre, textes de Pierre Borhan,
Laszlo Beke, Dominique Baqué et
Jane Livingston. Éditions du Seuil,
1994. 368 p., 355 photographies.
Chronologie, bibliographie, expositions,
index. Également édition américaine
André Kertész, his life and work,
Bullfinch, 1994 et édition japonaise
André Kertész, Tokyo Metropolitan
Museum of Photography, 1995.

Catalogues d'exposition

Kertész at Long Island University,
texte de Nathan Resnick, Long Island
University, New York, 1962.

André Kertész. Photographies,
introduction d'Alix Gambier,
Bibliothèque nationale, Paris, 1963.

André Kertész, Photographer, texte
de John Szarkowski, Museum of Modern
Art, New York, 1964. 64 photographies.

André Kertész : Fotografien, 1913-1971,
par Rune Hassner, Moderna Museet,
Stockholm, 1971.

André Kertész, introduction de Pierre
de Fenoÿl, Centre Georges-Pompidou/
Contrejour, Paris, 1977. 88 p.,
78 photographies.

Kertész & Harbutt : Sympathetic
Explorations, essai de Andy Grundberg.
Plains Art Museum, Moorhead,
Minnessota, 1978. 68 p.,
24 photographies de Kertész.

André Kertész : An Exhibition of
Photographs from the Centre Georges-
Pompidou, Paris, introduction de Colin
Ford, Arts Council of Great Britain,
Londres, 1979. 48 p., 39 photographies.

André Kertész, Master of Photography,
par Brooks Johnson, The Chrysler
Museum, Norfolk, Virginie, 1982.
64 p., 44 photographies en noir et blanc,
5 photographies en couleur. Chronologie.

André Kertész : Form and Feeling, par
Keith F. Davis, Hallmark Cards, Kansas
City, 1983. 8 p., 16 photographies.

André Kertész, Of Paris and New York,
textes de Sandra S. Phillips, David Travis
et Weston J. Naef, The Art Institute
of Chicago,The Metropolitan Museum
of Art, New York et Londres, Thames
and Hudson, 1985. 288 p., 305 ill.,
192 photographies, catalogue détaillé,
index.

André Kertész Photographe, textes
de René Huyghe et Jean-Paul Scarpitta,
Paris, Institut de France,
musée Jacquemart-André, 1987.
166 p., 135 photographies.

Kertész on Kertész : a Self Portrait,
introduction de Peter Adam,
commentaires de Kertész, Abbeville
Press, New York, 1985. 120 p.,
94 photographies. Chronologie.

Stranger to Paris, introduction de
Robert Enright, éd. Jane Corkin

Gallery, Toronto, Canada, 1992.
Catalogue moderne de l'exposition
à la galerie Au Sacre du Printemps
(1927). 98 p., 40 photographies.

Paris, textes de Claudio Marra et
Bettina Rheims, éd. Photology, Milan,
1993. 90 p., 24 photographies.

André Kertész, in focus, textes
de Weston Naef, Robert Gurbo,
Charles Hagen, Sylvia Plachy
et David Travis. 55 photographies
issues des collections du J. Paul Getty
Museum, Malibu (CA), 1994. 148 p.

Périodiques

André Kertész vit ses photographies
reproduites dans des magazines et
journaux, dès 1917 en Hongrie.
Il poursuivit ce travail d'illustration
en France puis aux États-Unis. Nous
donnons ici une liste de magazines
qui publièrent ses photographies.

1917, première photographie reproduite
dans Érdekes Újsag, en Hongrie.
1925, première couverture de
Érdekes Újsag.

Période parisienne (1925-1936)
Vu, Bifur, L'Illustration, Art et Médecine,
L'Art Vivant, L'Intransigeant, Le Matin,
Uhu, Variétés. Times, The Sphere,
The Sketch. La Nazionale. Berliner
Illustrierte Zeitung, Die Dame,
Frankfurter Illustrierte, Das Illustrierte
Blatt, Kölnischer Illustrierte Zeitung,
Münchner Illustrierte Presse, Neue
Jugend, Photographie, Das Tageblatt.

Période américaine (de 1936
à sa retraite commerciale en 1962)
The American Magazine, Collier's,
Coronet, Harper's Bazaar, Life, Look,
Town and Contry, Vogue.
De 1949 à 1962, contrat exclusif avec
Condé Nast Publications. Il travaille
surtout à cette époque pour House and
Garden.

Articles

Gallotti, Jean, "La photographie est-elle
un art ?" L'Art Vivant, n° 101, 1ᵉʳ mars

1929, p. 208-209, 211. 7 photographies.

Guégan, Bertrand, "Kertész et son miroir", *Arts et Métiers Graphiques*, n° 37, 15 septembre 1933, p. 24-25. 5 photographies.

Strider, Gray, "Kertész-Camera Surrealist", *Popular Photography*, vol. 2, n° 3, mars 1938, p. 42. 2 photographies.

Houseman, William, "André Kertész", *Infinity*, vol. 8, n° 4, avril 1959, p. 4-13, 22. 16 photographies dont couverture.

Brassaï "My Friend André Kertész", *Camera*, vol. 42, n° 4, avril 1963, p. 7-32. 31 photographies et 1 couleur en couverture.

"The World of Kertész: A Great Photographer has Spent a Lifetime in Pursuit of his Art", *Show*, vol. 4, n° 3, mars 1964, p. 56-61. 8 photographies.

Deschin, Jacob, "Kertész: Rebirth of an eternal amateur", *Popular Photography*, vol. 55, n° 6, décembre 1964, p. 32, 34, 42. 1 portrait.

Weiss, Margaret R., "André Kertész, Photographer", *Saturday Review*, vol. 47, n° 52, 26 décembre 1964, p. 28-30. 5 photographies. 1 portrait.

Budnik, Dan, "A Point of Vue", *Infinity*, vol. 14, n° 3, mars 1965, p. 4-11. 7 photographies et 1 en couverture.

"André Kertész: A Meeting of Friends", *Creative Camera*, n° 62, août 1969, p. 280-281, 1 photographie. (Cet article raconte l'histoire de la redécouverte des négatifs de Kertész d'avant 1936).

"Photographs by André Kertész", *Creative Camera*, n° 63, septembre 1969, p. 312-321. 14 photographies dont 1 en couverture.

Gasser, Manuel, "Kertész: Paris um 1930", *Du*, n° 365, juillet 1971, p. 520-537. 18 photographies.

Gelatt, Dorothy S., "André Kertész at 80: how he works-what he feels", *Popular Photography*, vol. 75, n° 5, novembre 1974, p. 136-143, 154-156, 171. 9 photographies, 1 portrait.

Claass, Arnaud, "André Kertész", *Zoom*, n° 50, janvier-février 1978, p. 116-129, 138. 14 photographies.

Gautrand, Jean-Claude, "André Kertész: 250 photos à Beaubourg", *Le Photographe*, n° 1346, février 1978, p. 42-43. 6 photographies.

Benedek, Yvette E., "Contact: André Kertész", *American Photographer*, vol. 1, n° 2 juillet 1978, p. 68-69. 1 photographie, 1 planche-contact.

Lifson, Ben, "Kertész at Eighty-Five", *Portfolio*, vol. 1, n° 2, juin-juillet 1979, p. 58-64. 1 portrait, 11 photographies.

Cooper, Tom et Paul Hill, "Camera-Interview: André Kertész", *Camera*, vol. 58, n° 11, novembre 1979. p. 33-40.

DiGrappa, Carol, "The Diarist: Photographs by André Kertész", *Camera Arts*, vol. 1, n° 1, janvier-février 1981, p. 48-55, 120, 123. 10 photographies.

"Les premiers Kertész. Inédit: la Hongrie de 1912 à 1925 par un débutant de génie", Photo, n° 167, août 1981, p. 56-67, 82. 6 photographies.

EXPOSITIONS

Expositions personnelles

1927. Au Sacre du Printemps, Paris.

1937. PM Gallery, New York.

1946. Art Institute of Chicago.

1962. Long Island University, New York.

1963. Modern Age Studio, New York.
Bibliothèque nationale, Paris.
IVᵉ Mostra Biennale, Venise.

1964. Museum of Modern Art, New York.

1971. Moderna Museet, Stockholm.
Magyar Nemzeti Galeria, Budapest.

1972. The Photographer's Gallery,
Londres. Valokuvamuseon, Helsinki.

1973. Hallmark Gallery, New York.
Light Gallery, New York.

1975. Rencontres Internationales
de la Photographie, Arles.
Galerie Agathe Gaillard, Paris.

1976. Wesleyan University, Middletown,
Connecticut. French Cultural Services,
New York.

1977. Centre national d'Art et de Culture
Georges-Pompidou, Paris.

1978. "Sympathetic Explorations : Kertész
and Harbutt", Plains Art Museum,
Moorhead, Minnesota. Light Gallery,
New York. Simon Lowinsky Gallery,
San Francisco.

1979. Serpentine Gallery, Londres.
Kiva Gallery of Photography, Boston.

1980. Salford University, Salford,
Angleterre. Jerusalem Art Museum.
Galerie Agathe Gaillard, Paris.

1981. Jane Corkin Gallery, Toronto.
Rencontres Internationales de la
Photographie, Arles.

1982. Canadian Centre for Photography,
Toronto. Chrysler Museum, Norfolk,
Virginie. Susan Harder Gallery,
New York.

1983. "André Kertész : Distortions",
Pace/MacGill Gallery, New York.
"André Kertész : Color", Susan Harder
Gallery, New York.
"André Kertész : Form and Feeling",
Nelson-Atkins Museum of Art,
Kansas City. Berner Photo-Galerie,
Berne.

1984. "André Kertész, Photographs
from the Manchester Collection",
Witkin Gallery, New York,
National Museum of Photography,
Bradford Angleterre.

1985. "André Kertész, Of Paris and
New York", The Art Institute, Chicago.
Egalement the Metropolitan
Museum, New York et Palais de Tokyo,
Paris (1986).

1986. "Distorsions", Fondation
nationale de la photographie, Lyon.

1987. "Diary of Light", International
Center of Photography, New York.

1987-1988. "André Kertész, photographe",
musée Jacquemart-André, Paris.

1990. "André Kertész, ma France",
Palais de Tokyo, Paris. Exposition
itinérante (Lyon, Nice, Charleroi,
Barcelone, Ljubljana, Braga,
Vandœuvre-lès-Nancy, Prague,
Chalon-sur-Saône, Brest, Huesca,
Bath, Chambéry, Milan, Istanbul)
créée par la Mission du patrimoine
photographique.

1992. "Stranger to Paris", galerie Jane Corkin, Toronto (Canada).

1994. "André Kertész et la Hongrie", Magyar Fotografiai Muzeum, Kecskemet (Hongrie).
"Distorsions", Institut français de Hongrie, Budapest et Rencontres internationales de la photographie, Arles.
"André Kertész, a Centennial Tribute", the J. Paul Getty Museum, Malibu (CA).

"André Kertész, le double d'une vie", rétrospective du centenaire organisée par la Mission du patrimoine photographique au Pavillon des arts, Paris.
Egalement, Musée national d'art contemporain, Séoul (1995), Metropolitan Museum of photography, Tokyo (1995) et Fondation Calouste Gulbenkian, Lisbonne (1996).

Expositions collectives

1928. Premier Salon indépendant de la Photographie, Théâtre des Champs-Élysées, Paris.

1929. "Film und Foto", Deutscher Werkbund, Stuttgart.

1932. "Modern European Photography", Julien Levy Gallery, New York.

1934. "Groupe annuel des photographes", galerie de la Pléiade, Paris.
"Photographies", Salon Leleu, Paris.

1937. "Photography 1839-1937", Museum of Modern Art, New York.

1967. "The Concerned Photographer", Riverside Museum, New York.

1968. "The Concerned Photographer", Matsura, Tokyo.

CRÉDITS PHOTOGRAPHIQUES

Collections particulières

DANS LA MÊME COLLECTION

Cet ouvrage, le dix-septième de la collection Photo Poche dirigée par Robert Delpire, a été réalisé avec la collaboration de Françoise Sadoux et Claude Geiss.
Secrétariat de rédaction, Michel Frizot et Françoise Ducros.

Troisième édition.

Achevé d'imprimer le 14 juin 1996
sur les presses de l'imprimerie Le Govic à Saint-Herblain.